UN
MARIAGE MANQUÉ

HISTOIRE VRAIE

ANGOULÊME
IMPRIMERIE CHATENET, RUE SAINT-ANDRÉ, 4

1877

UN

Mariage Manqué

HISTOIRE VRAIE

Le Bocage, 30 Juin 1877.

Mon cher Armand,

En ne recevant plus de mes nouvelles depuis un temps aussi long, tu as dû croire que quelque terrible événement avait traversé le cours de ma vie ordinairement si calme. Hélas ! trois fois hélas ! tu n'as pensé que trop vrai, et c'est une lamentable histoire que j'ai à te retracer.

Puisse ce récit pitoyable te préserver à jamais des dangers d'une pareille catastrophe ! C'est la grâce que je te souhaite.... et je commence.

Ma mère, depuis longtemps, me conseillait de me marier. Pour dire vrai, je n'en sentais pas comme elle le besoin si pressant, aussi me faisais-je un peu tirer l'oreille. (Que ne me la suis-je laissé arracher, ô mon Dieu !) Mais, à toutes mes objections, la pauvre femme trouvait des réponses qui prouvaient de la façon la moins indubitable que je devais rendre visite à M le maire, d'abord, et ensuite à M. le curé.

Tu connais le fond débonnaire de mon caractère ; je consentis à envisager la question du mariage, ne me doutant pas, du reste, que le danger fût si imminent. — Eh bien ! lui dis-je, en riant, maintenant que je me suis laissé vaincre sur ce point, il ne me reste plus qu'à trouver celle qui doit faire le bonheur de mes jours. L'as-tu découverte ?

J'oubliais qu'on ne prend pas ma mère au dépourvu, et, sans me laisser respirer, elle me prouvait, par mille et une raisons, que je devais aspirer à la main de haute et puissante demoiselle

Séraphine-Modeste de la ROCHE du BOCAGE

« *Puisqu'il faut l'appeler par son nom !* »

Le choix ainsi fait, restait la présentation. Je t'ai souvent parlé du charmant M. Saint-Maur, maire de notre commune. Le sachant en relations avec la famille de ma future, j'allai le trouver et fus assez heureux d'obtenir qu'il voulût bien parler pour moi.

En même temps qu'il demanderait mon admission dans la famille *de cujus,* je l'avais prié, pour éviter toute équivoque par la suite, d'informer son chef de toutes les circonstances qui constituaient ma position.

Il les informa donc, et de ma fortune personnelle, et de la composition de ma famille. Il insista, car je l'en avais prié, sur mon manque actuel d'état, mais il leur fit connaître le cours de mes études, qui, sous trois ans, doivent m'ouvrir l'accès de la pharmacie. Ma carrière, si je ne l'avais pas suivie jusqu'au bout, était du moins nettement tracée, et, en la poursuivant, l'issue en était connue. J'en offrais le résultat pour ce qu'il valait, en faisant du reste assez bon marché, puisque M. Saint-Maur devait déclarer que si l'exercice de cette profession n'entrait pas dans les vues de la famille de la Roche j'en férais le sacrifice. On ne pouvait être plus aimable et surtout mieux accommodant, n'est-ce pas ?

Mon ambassadeur, reçu avec tout le cérémonial usité (tu vois ça d'ici), exposa gravement son message et le développa avec la verve chaleureuse que chacun lui connaît. Bref, il se retira avec la sacramentelle réponse : « Qu'on était honoré de la démarche, qu'on réfléchirait, et que sous peu, on ferait parvenir la décision. » Bien qu'elle fût parfaitement insignifiante, M. Saint-Maur tirait bon augure de la réponse. Je l'acceptai de même, et, en effet, tout d'abord, les faits semblèrent se présenter sous le meilleur aspect.

Les réflexions durèrent *seulement quinze jours*, après lesquels je reçus notification officielle de ma destinée.

Et jam plaudite cives ! Et déjà félicite-moi, ô mon ami ! J'étais accueilli ! Et, comme autrefois Orphée à la recherche de son Eurydice avait attendri le farouche Cerbère, de même mes déclarations sincères avaient touché le cœur de parents non moins farouches, et j'allais être admis à contempler l'objet de mes rêves ! Si, pour mieux être à la portée de quelques-uns, il faut employer un style plus vulgaire, je te dirai que je sortais du rang obscur de soupirant pour passer à celui de candidat (et candidat officiel encore !) à la main de la belle Modeste.

Qui aurait pu penser, dis-moi, à cette époque, que ce candidat officiel serait dans un temps si rapproché honteusement battu. N'est-ce pas là le moment de s'écrier avec les Pères de l'Église : « *Vanitas vanitatum et omnia vanitas !* »

Oh oui ! néant des choses humaines, je devais t'éprouver cruellement. Mais n'anticipons pas sur les événements et revenons non pas à nos moutons, mais à notre mariage en expectative qui semblait s'annoncer si bien.

Tu penses que je ne fus pas plus tôt en possession de la fameuse autorisation, que je m'empressai de voler auprès de l'idéale de mon cœur.

Que te dirai-je, ami, cette première entrevue eut ce charme niais qu'on ressent toujours en présence de celle que votre imagination, souvent folle, s'est plu à revêtir de toutes les grâces, bien que, souvent, lesdites grâces n'y brillent que par leur absence.

Ma future, cependant, parlait peu à l'imagination. D'une taille ordinaire, elle avait une figure assez régulière, mais froide. Seuls ses yeux laissaient deviner que, parfois, cette figure s'animait et pouvait refléter autre chose que de l'indifférence. Au reste il faut faire la part des choses, et maintenant que, dégagé de toute passion, je puis raisonner impartialement, je crois qu'il faut attribuer la nullité qui se dégageait de tout son être à une éducation idiote qui s'était accomplie tout entière dans un couvent. Cette éducation avait été ce qu'on est convenu d'appeler complète. Un diplôme attestait que Mlle Modeste était capable d'écrire une orthographe de vingt lignes sans faire plus de trois fautes ; qu'elle connaissait l'histoire, la géographie, voire même un peu de physique, peut-être même de la chimie, toujours à l'avenant du français. Voilà quel était son bagage littéraire et scientifique, le tout doublé de cette religion étroite, mesquine, intolérante, qui est la marque de fabrique de ces établissements.

D'arts d'agrément il n'en avait jamais été question. La musique, le dessin, lui étaient à peine connus de nom, et, en vraie fille de ses pères, n'en comprenant pas le charme elle en niait l'utilité.

Voilà, mon cher, le tableau fidèle de celle dont mon cœur était épris. Pauvre cœur ! Il constatait bien tout ce qui manquait dans son idéale, mais il en faisait un charme de plus. Oui, disait-il, l'âme sœur que recherche mon âme n'est point douée des qualités que j'ai rêvées pour elle, mais la place est préparée ; mais cette âme, qui n'a pas encore été éveillée à la vie, tressaillera au contact de la mienne, et, au fur et à mesure que je la verrai s'orner des charmes qui lui manquent, j'aurai le plaisir ineffable de contempler le ravissement intérieur que lui causera son éveil à l'intelligence !

En un mot, je persistais aveuglément dans mon choix et faisais ma cour assidûment à ma future. Ce manége dura deux mois. Résolu à consommer le sacrifice, je voulais du moins en hâter le dénouement, qu'on me retardait singulièrement, trouvais-je, car jusqu'alors, malgré mes demandes réitérées, je n'avais pu obtenir que la famille de ma future femme allât s'entendre avec la mienne pour régler les questions d'intérêts.

Cette question que, d'après ma présentation, tu aurais pu croire tranchée (de mon côté, du moins), se hérissait, au contraire, toute grosse de menaces, étant donnée la ladrerie déplorable qui faisait le fond du caractère de toute cette famille. Cette mesquinerie s'était révélée en maintes circonstances dans les conversations que nous avions ensemble. Je ne puis résister au plaisir de t'en citer quelques traits. Je te supplie seulement, si fort que cela te paraisse, de ne point rien mettre en doute ; tout ce que je vais te dire est rigoureusement vrai. Au reste, mon luxe d'imagination n'irait pas jusque là.

— Mangez-vous de la miche ? me demanda un jour brusquement ce digne homme. Sur ma réponse affirmative, il regarda sa moitié d'un air significatif. Elle, reprit alors : — Et, quand vous allez au chef-lieu, descendez-vous à l'hôtel ? Voyant où le bât les blessait, et voulant calmer leurs appréhensions, je leur dis que je prenais mon gîte chez toi, ce qui parut un peu les soulager.

Tu sais que je m'occupe un peu de dessin ; j'avais fait mon portrait en miniature, que j'offris à Mlle Modeste, la priant de l'accepter en souvenir de moi. (L'offre parut même lui faire un sensible plaisir, car j'en fus récompensé par la permission qu'elle me donna de cueillir une mèche de ses cheveux, faveur qu'elle doubla en m'en offrant une autre elle-même.) Le père qui, par la suite, vit le portrait, le regarda avec la plus souveraine pitié. Il pensait, sans doute, à tout le temps qu'il avait fallu pour faire cette bêtise, d'autant que je crois avoir dit à sa fille que j'y avais travaillé un jour au moins, ce qui l'avait surprise.

Il est évident que si j'avais eu un peu de perspicacité, j'aurais dû comprendre que j'étais perdu. Allons donc ! Comment, triple fou que j'étais, je persistais à croire qu'un homme qui faisait son pain pour un mois, afin qu'en se durcissant il durât plus longtemps, qui aurait plutôt fait vingt-cinq lieues à pied, un morceau de pain dans sa poche, pour s'économiser le prix d'un train et d'un déjeuner à l'hôtel, comment, dis-je, j'allais m'imaginer que cet homme irait donner sa fille à un jeune homme, un fainéant, qui passait une année à ne rien faire, et qui, n'ayant rien à faire, ne se donnait pas même la peine de marcher pour aller jusqu'à la ville, vingt-cinq kilomètres seulement ! et qui, pour comble d'infamie, passait une journée entière à salir du papier pour faire sa caricature ! Cela n'avait pas le sens commun.

Est-ce assez grotesque ! Par anticipation, je dois l'avouer, cette avarice crasse me faisait détester la race des beaux-pères, et, par suite, ne fit-elle qu'accroître ma résolution d'en finir vite, afin qu'une fois marié je pusse, avec ma jeune femme, vivre tranquille, si cela était possible. Je revins donc à la charge, pour les prier d'aller régler avec ma famille les affaires d'intérêts. La démarche leur coûtait. — Mais, me dirent-ils, ne pourrions-nous pas en « parler ensemble » ? — Soit, leur dis-je, quoique ce soit contraire à tous les usages reçus, je le veux bien. Et le jeudi fut fixé définitivement.

Je fus exact au rendez-vous. Tout le cénacle des grands parents était sous les armes. Après les inséparables lieux communs d'usage la question fut enfin abordée.

— Il est bien ennuyeux que vous n'ayez pas de position, dit papa de la Roche. — Oh oui! c'est sûr ça, fit la maman. — Qu'à cela ne tienne; je termine mes études, et dans trois ans vous avez un apothicaire dans votre famille.

Silence de quelques instants. Monsieur se gratte le nez, Madame, la tête; puis, mus comme par un ressort, ils semblent se consulter du regard, après quoi Monsieur répond :

— Hum, hum ! ma foi non, nous aimerions mieux vous voir laisser cette carrière. — Soit, j'en fais l'abandon ; mais puisque, *avec raison*, vous désirez me voir une position, et que *vous me faites abandonner celle que j'avais commencée, laquelle voulez-vous que je prenne ?* — Vous feriez mieux de venir chez nous, tenez, et de nous aider à faire valoir notre propriété. — Ça me va encore, c'est chose entendue ; vous donnez de la propriété à votre fille, je la fais valoir (la propriété!) et je deviens un bon campagnard. Mais c'est mon rêve ! — Avec incohérence : L'air pur, la campagne, les oiseaux qui chantent dans les bois, les ruisseaux qui murmurent dans les prairies, et avec tout cela une petite femme pour jouir à deux de tous ces biens célestes, c'est trop de bonheur! — Tous deux, visiblement ahuris de mon enthousiasme, restent stupéfaits. Après quelques instants : — Réfléchissez-y, insista la mère, et songez qu'il faudra faire le sacrifice de vos beaux habits et prendre des blouses. — Chère belle-mère, à mon prochain voyage à la ville, j'en achète une douzaine ; après vous ne me verrez plus qu'en blouse. Les préférez-vous bleues ou blanches ? — Bleues à liserés blancs, bien, j'aime mieux ça, c'est mieux porté que les blanches. Pendant que j'y serai, je jetterai mon tuyau de poêle au feu et je m'achèterai un chapeau de paille de 9 sous, ils sont charmants, vous verrez ; et puis après, je n'aurai plus à craindre pour *mes belles affaires* et je pourrai folâtrer dans l'herbe. Quelle charmante petite vie nous allons passer ! Quelle bonne idée vous avez donc eue là, M. de la Roche ! — Lui n'en paraissait pas si fier que ça, car, après un échange de nouveaux coups d'œil, il dit ensuite : — Mon Dieu, je crois que vous n'êtes pas taillé pour être propriétaire, ni Modeste non plus, du reste. Nous ferions bien de garder nos biens, de donner des écus à notre fille, et vous vivriez en bons rentiers. Votre mère vous donnerait un pied-à-terre, vous en auriez un autre ici, vous ne seriez pas malheureux, allez ! — Un pied-à-terre chez ma mère, un pied-à-terre ici, grommelai-je tout bas, où serait le lieu fixe ! Enfin ! J'accepte encore votre combinaison, lui dis-je, c'est décidé, me voilà rentier, c'est un métier dont je me tirerai à merveille. — Oui, mais savez-vous qu'à vivre ainsi vous dépenserez bien de l'argent. — Et parbleu, nous n'en dépenserons pas plus que nous n'en aurons. Soyez tranquilles, nous serons sages. — Ce n'est point tout ça, dit M. de la Roche, il faudrait que votre mère consentît à se mettre en pension. — J'avais accueilli tout ce qui précède d'un air moitié figue, moitié raisin, tu as pu le voir par mes réponses, mais cette dernière exigence commença à me faire, comme on dit vulgairement, monter la moutarde au nez. Aussi fut-ce avec froideur que je leur répondis : — Monsieur, la proposition que vous me faites est inacceptable ; et, pour ma part, je regarderais comme une indignité d'en parler à ma mère. Je ne puis donc que regretter que vous l'ayez soulevée et vous prier de n'y pas donner suite J'ai offert ma modeste fortune à mademoiselle votre fille, vous aviez semblé accepter, vous refusez maintenant, cela me désespère, mais je ne puis faire plus. J'ajoutai : Et si je vous faisais la même proposition? L'accepteriez-vous? Laissons donc les pensions de côté; je ne suis point exigeant, nous vivrons avec ce que nous aurons. Comme il se taisait : Voyons, repris-je, un bon mouvement, et dites que vous abandonnez cette vilaine idée

— Vous avez tort de repousser une chose qui se fait tous les jours, me répondit-il, parlez-en à votre mère, vous verrez ce qu'elle vous dira. Du reste, laissons là pour aujourd'hui cet entretien qui paraît vous fâcher, nous le reprendrons dans huit jours; d'ici là nous réfléchirons chacun de notre côté. — J'accepte ce nouveau délai, avec l'espoir que vos réflexions vous feront renoncer à une prétention exagérée. *S'il n'en devait pas être ainsi, une autre entrevue serait inutile.* — Allons, allons, fit M. de la Roche, restons-en là, et à huitaine.

Pour moi, dont les réflexions étaient faites, ces huit jours furent des siècles ; ils s'écoulèrent enfin, et, de nouveau, je pris le chemin du logis. Je trouvai tout d'abord ma future. Après les premiers compliments : — De grâce,

Mademoiselle, savez-vous la décision de vos parents? Elle me répondit nonchalamment : — Eh mon Dieu, Monsieur, nous voyons que vous tenez peu à vous allier à notre famille, puisque vous ne voulez faire aucun sacrifice. — Eh quoi, Mademoiselle, je ne veux faire aucun sacrifice! mais n'ai-je pas accepté successivement toutes les conditions que m'ont posées vos parents, toutes, sauf une, dont vous devez comprendre tout l'odieux. Ah! laissez-moi croire, Mademoiselle, que vous ne partagez pas l'opinion de votre famille sur cette question, et, au contraire, s'il est vrai, comme j'ai cru le deviner à travers l'impénétrabilité de votre visage, que vous ayez quelque amitié pour moi, vous vous emploierez de toutes vos forces pour faire abandonner à vos parents une prétention qui serait la ruine de notre bonheur! — Monsieur, me répondit-elle aigrement, cela ne me regarde pas, et vous débattrez le tout avec mon père, que je vais prévenir de votre arrivée.

Sur ce, elle s'enfuit. J'étais fixé sur la dose de son amour et sur mon sort. De mon côté, mon parti était pris. On me laissa seul modestement une demi-heure, après quoi je vis arriver, souriant, M. de la Roche, à qui je dis aussitôt : — Eh bien, Monsieur, qu'avez-vous décidé ? — Pas grand chose. Et vous ? — Moi, rien du tout, je vous avais prévenu, du reste. — Alors, que voulez-vous, vous pouvez vous retirer quand vous voudrez.

— Fort bien, Monsieur ; seulement je ne partirai pas d'ici avant d'avoir flétri, comme elle le mérite, votre façon d'agir avec moi.....

A ce moment, Madame, qui, sans doute, écoutait à la porte, vint se joindre à son mari. Je n'en fus nullement troublé. Et d'une, dis-je en moi-même, m'attendant à voir paraître à la suite la grand'mère, qui seule manquait au bouquet; mais la porte ne s'ouvrit pas ; sans doute la brave femme devait faire partie de la réserve et ne donner qu'au dernier moment. Je continuai donc : — Quand M. Saint-Maur est venu demander pour moi la permission de me présenter dans votre famille, il vous a dit mes ressources personnelles, ma position présente, rien, en un mot, de ce qui constitue ma fortune ne vous a été caché. Si elle ne vous paraissait pas suffisante, c'est à ce moment que vous deviez formuler votre exigence. Au lieu de cela qu'avez-vous fait? *Après quinze jours de réflexions*, vous m'autorisez à venir faire ma cour à votre demoiselle, n'était-ce point là une adhésion complète aux offres que je vous avais faites? A ce moment je fus interrompu par M de la Roche, qui me dit : — Il est vrai, nous avons été *éblouis* par votre nom, nous n'avons pas assez *réfléchi*, et nous vous avons fait venir. — Permettez-moi, Monsieur, de vous dire qu'en matière aussi grave on ne doit pas avoir d'éblouissement, et réfléchir assez (surtout en quinze jours) pour comprendre que faire venir quelqu'un après avoir accepté ses offres, pour plus tard, lui demander plus qu'il n'a jamais promis, c'est lui faire insulte ; mais là ne s'est pas borné tout ce que votre conduite a eu de peu convenable ; vous m'avez fait venir avec la ferme intention de faire surgir au dernier moment des cas de rupture. Voici, du reste, de quelle façon vous avez manœuvré. Vous vouliez établir que je n'avais pas de position, pour, partant de là, me demander des impossibilités. Aussi m'avez-vous fait successivement abandonner la pharmacie pour laquelle vous avez feint de l'éloignement, et la position de propriétaire, *offerte par vous-même*, avec l'arrière-pensée que je ne l'accepterais pas. Par ces agissements, vous aviez prouvé que je ne pouvais être ni pharmacien ni propriétaire, c'était déjà pas mal, mais pour un génie aussi profond que le vôtre ce n'était pas assez. En dernier lieu, vous m'avez convaincu de l'incapacité où j'étais de faire même un rentier, de sorte qu'en effet, maintenant, d'après vous du moins (ce qui, heureusement, ne prouve pas grand chose), non-seulement je n'ai pas de position, mais je me demande à quoi je pourrais être bon. Vous me permettrez d'avoir de moi-même un peu meilleure opinion, car, réellement, en me plaçant au niveau de vos idées vous me mettez par trop bas.

Passons à un autre ordre de chose, et voyons dans quel but vous m'aviez fait venir chez vous. Dans votre esprit, et c'est là ce qui en démontre éloquemment la sublimité et la *délicatesse*, je devais être, *et j'ai été*, l'appât qui devait attirer des prétendants plus riches probablement, et de complexion plus facile que la mienne. Vous avez fait de moi un jouet, je vous en remercie ! — Oh ! Monsieur, pouvez-vous croire cela, exclama M. de la Roche, nous qui, depuis que vous venez ici, avons éconduit deux messieurs qui prétendaient à la main de Modeste. — Il est vrai qu'ils ne nous convenaient pas ! s'écria impétueusement son aigre moitié. — Vous êtes trop bonne, Madame ! Allons, à vous deux, soyez donc francs une fois en votre vie, et dites que votre fille appartiendra au plus offrant et dernier enchérisseur. Finissons, du reste, ces vaines paroles. Vous avez atteint votre but, vous devez être contents, car vous voyez que déjà la chasse aux amoureux commence. Je vous la souhaite fructueuse. De mon côté, je n'oublierai pas que j'ai été le miroir à ces nouvelles alouettes ; la leçon me servira. Elle m'apprendra peut-être à ne plus confondre un rustre gentilhomme avec un gentilhomme campagnard. Madame et Monsieur, j'ai bien l'honneur de vous saluer.

Et je sortis. J'aperçus alors la grand'mère qui se dirigeait vers le lieu de notre entretien. Comme Grouchy à Waterloo elle s'ébranlait trop tard ! Je la saluai avec tout le respect dû au courage malheureux et passai outre.

J'étais furieux et désespéré. — Les idées les plus folles s'emparèrent de moi, la pensée du suicide traversa mon esprit. A ce moment-là je cheminais le long de notre rivière, laquelle, contre son habitude (pour employer l'expression de M. Duruy), non-seulement « ne coulait pas encore à sec », mais semblait même rouler ses ondes plus impétueuse que jamais. Mon imagination frappée y vit une invitation ; un éclair me traversa les yeux, et je me précipitai la tête la première.... Je ressentis une immense douleur et m'évanouis.

. . . .

Quand je revins à moi, j'étais dans mon lit, la tête entourée de linges sanglants, mais, à ma grande surprise, je n'éprouvais aucune douleur, et je ressentais, au contraire, un calme d'esprit que j'avais perdu depuis longtemps. En un mot, j'étais guéri ! Guéri de ma folle passion, à ce point que, maintenant, j'envisageais avec la plus parfaite indifférence cette rupture qui, quelques instants auparavant, m'avait conduit à un acte aussi désespéré. Et, à ce sujet, je dois te donner la double explication et de ma conservation à la vie et de ma guérison morale. Voici ce qui s'était passé : Contre les apparences, la rivière, qui paraissait profonde, ne l'était pas, et, par suite, ma tête avait bientôt heurté durement les cailloux qui en forment le lit. De là cette douleur profonde que j'avais ressentie et qui avait provoqué mon évanouissement. Fort heureusement que j'avais été aperçu, et quelques minutes après on me retirait, point du tout noyé, mais toujours évanoui par suite de ma blessure. Transporté immédiatement chez moi, les premiers soins m'eurent bientôt rappelé à la vie. Voilà donc comment, au lieu de me trouver dans le lit de la rivière, j'étais dans mon propre lit, ce qui me fit, je l'avoue, infiniment plus de plaisir.

Reste à t'expliquer ma guérison morale. Elle est tout aussi naturelle. Dans ma chute sur la tête, je m'étais précisément frappé à l'endroit où se trouve la protubérance qui, selon le système de Gall, est le siège de la *folie matrimoniale*. Cette protubérance, que je devais avoir fort développée, s'il faut en juger par tout le sang qui s'était répandu de ladite blessure, avait, comme par enchantement, complétement disparu ! Et voilà pourquoi j'étais guéri.

Chose miraculeuse, la bosse de l'amitié, qui se trouve tout à côté, avait augmenté !

Tu vois que tu n'auras pas à te plaindre de l'accident, qui t'assure d'un redoublement d'amitié, qu'en dépit des apparences, je n'avais, du reste, jamais cessé d'éprouver pour toi.

Tout est donc pour le mieux dans le meilleur des mondes.

Ton affectionné,
Oscar DUTEMPLE.

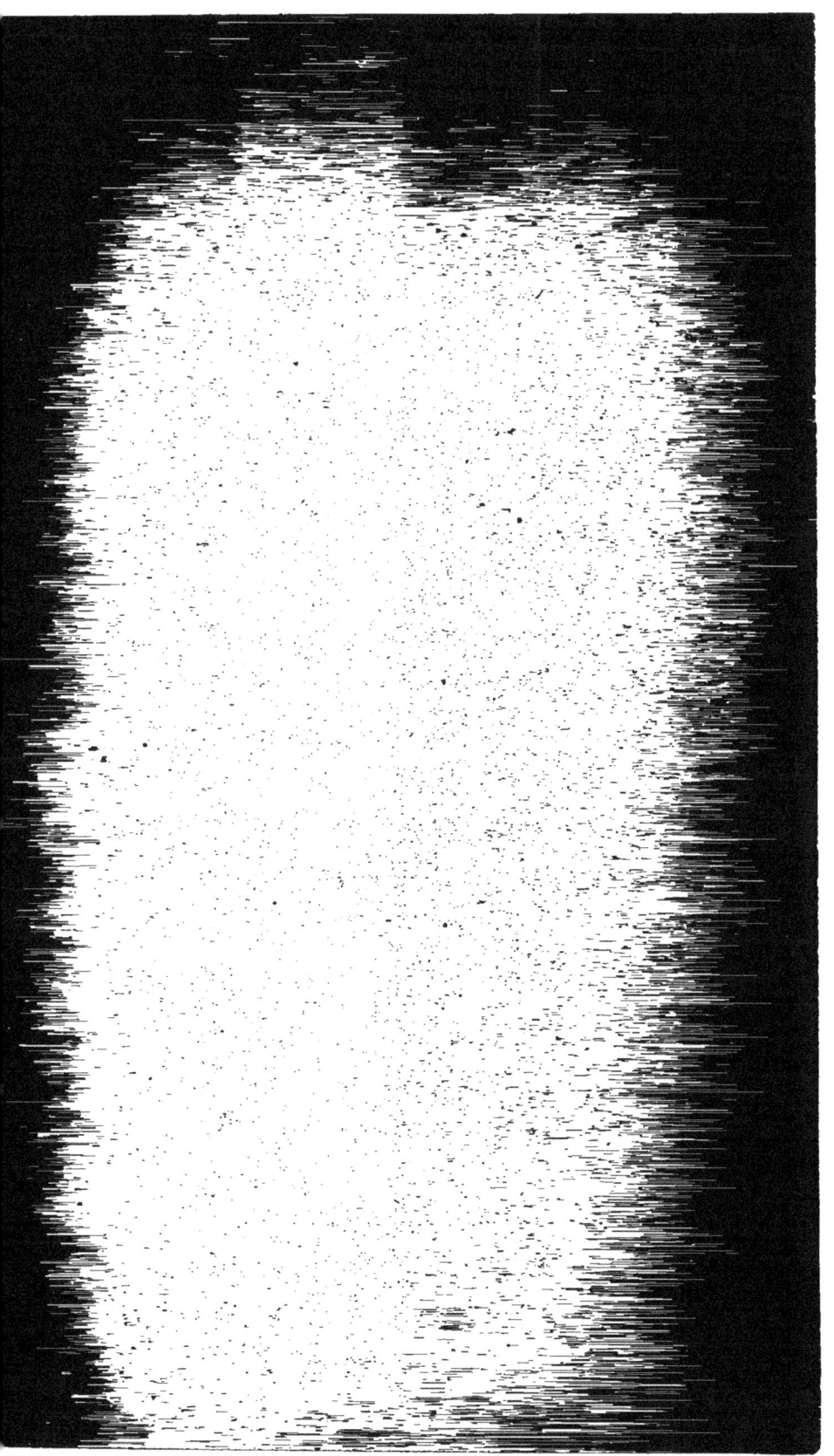

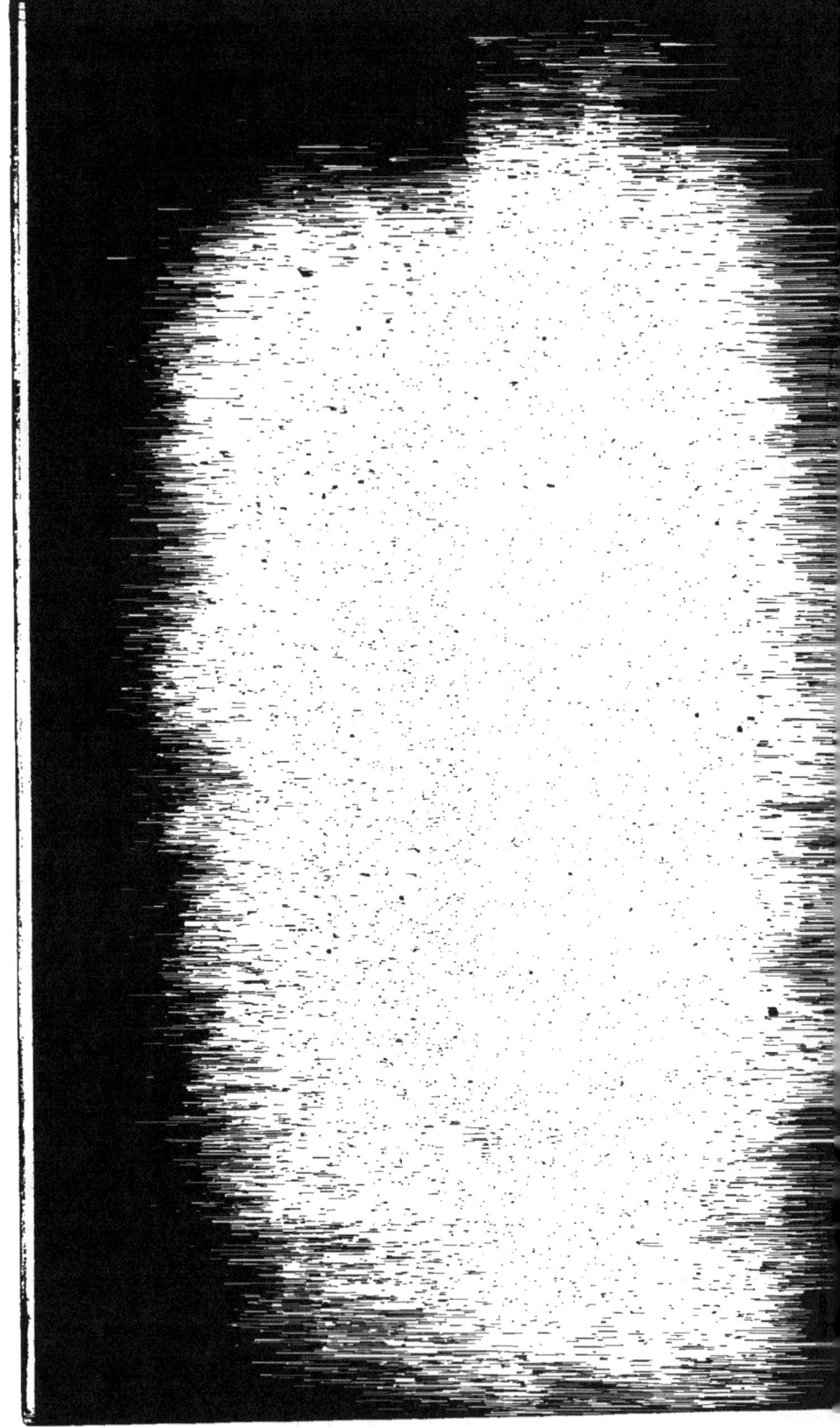

www.ingramcontent.com/pod-product-compliance
Lightning Source LLC
Chambersburg PA
CBHW062005070426
42451CB00012BA/2645